MARC SANGNIER

(Conférence à Carcassonne)

L'Éducation Sociale

DU PEUPLE

TROISIÈME MILLE

LIBRAIRIE EMMANUEL VITTE

PARIS | LYON
14, rue de l'Abbaye (II°) | 3, place Bellecour, 3

1904

L'ÉDUCATION SOCIALE DU PEUPLE

MARC SANGNIER

L'Éducation Sociale DU PEUPLE

TROISIÈME MILLE

LIBRAIRIE EMMANUEL VITTE

PARIS | LYON
14, rue de l'Abbaye (IIᵉ) | 3, place Bellecour, 3

1904

1er octobre 1899.

Nous n'avons pas l'intention d'étudier ici dans toute son ampleur la grande question de l'éducation sociale du peuple ni même de tracer une esquisse de ce qu'il nous semble que celle-ci pourrait et devrait être; nous nous sommes seulement proposé de grouper certaines réflexions et certaines observations d'où nous avons essayé de dégager quelques idées un peu générales et qui nous ont servi aussi à formuler quelques projets un peu précis.

Nous avons tenu par-dessus tout à rester sur un terrain absolument pratique. Nous ne nous dissimulons pas que cette préoccupation enlèvera à cette étude presque tout son intérêt aux yeux de ceux qui ne se plaisent qu'à la spéculation théorique ou qu'à l'analyse désintéressée; mais nous espérons que les hommes de bonne volonté qui se sentent surtout poussés par un besoin d'action immédiate nous sau-

6

ront quelque gré de l'humilité même du point de vue qui a été le nôtre ; et cela, du moins, suffit à nous consoler.

Nous ne sommes pas cependant entré dans de minutieux détails, et avons résolument laissé de côté toutes les questions d'organisation proprement dite ; non certes que nous méconnaissions leur importance, mais parce qu'il nous a semblé impossible de les résoudre d'une façon générale, et parce que nous croyons que c'est bien plutôt dans l'esprit de nos méthodes et dans l'orientation de nos efforts que nous devons tâcher de réaliser une véritable unité.

Nous savons que, de plus en plus, les idées que nous défendons dans ces quelques pages tendent à devenir celles des catholiques les plus ardents et les plus dévoués aux œuvres ; et c'est de quoi tout notre cœur se réjouit : nous n'avons donc nullement l'ambition d'apporter ici quelque chose de nouveau et d'original, mais seulement de travailler avec ceux qui travaillent et de contribuer pour notre petite part à l'œuvre commune.

Nous voulons espérer que le progrès même du mouvement que nous signalons se chargera bientôt d'enlever tout intérêt à nos projets désormais trop timides et à nos désirs depuis longtemps déjà réalisés *et dépassés. Puissions-nous, en attendant, donner à quelques-uns la généreuse ambition de travailler avec le peuple et pour le peuple et préciser à leurs yeux la façon dont ils pourront s'employer efficacement à cette tâche : n'aurions-nous ainsi révélé qu'à une seule âme, en quête de dévouement ce qu'elle peut faire, que nous rendrions grâce à Dieu dans l'allégresse de notre cœur, de nous avoir permis de n'être pas inutile tout à fait à l'œuvre sainte dont l'avenir a besoin.*

MARC SANGNIER.

L'ÉDUCATION SOCIALE DU PEUPLE

LES
"PETITS CERCLES" DES PATRONAGES

I

Parmi les œuvres d'apostolat populaire tentées à notre époque par les catholiques, il n'en est pas, je crois, qui se soient plus rapidement propagées et développées que les patronages. Répondant à la fois à un besoin des ouvriers, trop souvent incapables de s'occuper eux-mêmes de l'éducation morale et religieuse de

1.

leurs enfants, et à une tendance très marquée chez les étudiants catholiques à « aller au peuple » autrement qu'en rêves et en projets et à faire œuvre immédiatement utile, les patronages, chaque jour plus fréquentés et plus nombreux, ont vu promptement croître leur prospérité ; ils se sont perfectionnés, complétés ; autour d'eux s'est parfois même groupé tout un ensemble d'œuvres économiques, grâce aux efforts heureux et persévérants d'hommes d'intelligence pratique et d'initiative hardie. Fondés primitivement dans le seul but de recueillir et de préserver quelques enfants que l'on enlevait au pavé des rues pour les garder et les faire jouer loin des promiscuités malsaines et dans une atmosphère morale et chrétienne, les patronages sont devenus maintenant comme une véritable institution sociale. Les adversaires mêmes de l'enseignement chrétien, dont ils avaient d'abord excité la jalousie, ont été contraints de leur rendre un hommage indirect quoique bien significatif, en essayant de les imiter et en ne reculant même pas devant la nécessité, pénible peut-être pour plus d'un, de conserver jusqu'à leur nom, trop accrédité désormais dans les milieux populaires pour que l'on pût désormais sans danger en substituer un autre.

Il est donc tout naturel que les catholiques se soient attachés à leurs patronages avec une sorte de prédilection reconnaissante ; mais, n'est-il pas juste aussi et tout à fait souhaitable que l'on s'efforce de tirer tout le parti possible de cette œuvre privilégiée, dont la valeur croîtra naturellement en raison des services qu'elle rendra ? Or, jusqu'à présent, bien souvent les directeurs et les confrères ne se sont guère occupés que des tout jeunes enfants que l'on fait jouer dans la cour et auxquels on apprend le catéchisme le dimanche ; sans doute, ils se sont vus contraints de « commencer par le commencement », résolus à suivre plus tard ceux qu'ils auraient ainsi formés. Malheureusement, combien ont quitté le patronage, peu après leur première communion, pour n'y plus revenir, combien surtout, une fois qu'ils avaient atteint leur quinzième ou leur seizième année ! Le nombre de ceux qui avaient dépassé cet âge devenait dès lors le plus souvent si restreint que naturellement on était tenté de prendre moins de soin de ces quelques rares attardés et de continuer, comme par le passé, à reporter tous ses efforts sur la formation des plus nombreux, des plus petits, que l'on se promettait bien, cette fois, d'arriver à conserver, mais qui trompaient à leur tour cette fallacieuse attente en suivant l'exemple de leurs aînés.

Sans doute, une œuvre qui réussit à mettre dans l'esprit des enfants quelques vérités religieuses, à leur faire faire leur première communion, à déposer en eux des germes de vie morale ou tout au moins à les préserver d'une dépravation trop précoce, est bonne et mérite grandement d'être encouragée ; et si, d'autre part, elle habitue les jeunes « confrères » au dévouement, si, par les spectacles même qu'elle leur fournit, elle ouvre leur esprit à de sérieuses réflexions et oriente leurs pensées vers un apostolat social, comment ne pas voir là encore un nouvel avantage et non pas, certes, des moins précieux ? Mais nous est-il défendu d'espérer plus encore et saurait-on vraiment trop attendre d'un mouvement déjà si généreux et si fécond ? Et comment verrions-nous sans tristesse s'échapper ainsi, avant même que les idées que nous défendons aient pu impressionner leur esprit et leur cœur d'une façon durable, tant et tant d'enfants qui nous quittent, juste à l'âge où leur vie intellectuelle et morale va définitivement s'orienter et où bien souvent, hélas ! ils trouveront ailleurs, dans des milieux violents et haineux, des initiateurs qui les attendent et des guides séduisants qui sauront éveiller et conduire leurs jeunes énergies ?

Il est donc d'une extrême utilité d'examiner sérieusement ce qu'il est possible de faire, non pas théoriquement, bien entendu, mais en s'appuyant sur certaines expériences tant positives que négatives.

Les jeunes gens, au-dessus de quinze ans environ, forment généralement dans les patronages ce que l'on appelle un « petit cercle »; c'est donc l'organisation et la vie de ces « petits cercles » qu'il s'agit pour nous d'étudier; nous avons beaucoup observé et réfléchi avant d'écrire ces lignes : nous croyons que logiquement, naturellement, l'action des patronages tendra à se développer dans le sens que nous allons indiquer. Nous savons que la solution que nous proposons est admise déjà ou tout au moins pressentie par beaucoup d'esprits et non des moins pratiques; nous pourrons signaler plus d'un fait significatif et encourageant; nous n'en sommes que plus incité à fixer ici par écrit quelques observations et quelques réflexions qui, nous voudrions le croire, contribueront pour leur humble part à développer un mouvement dont il nous semble que nous sommes en droit de tant espérer pour la propagation du christianisme dans les milieux ouvriers.

II

Si les jeunes gens désertent les « petits cercles », n'est-ce pas le plus souvent parce qu'ils s'y ennuient ? On s'imagine qu'il suffit pour les retenir de leur offrir une salle avec différents jeux : dames, dominos, et même presque partout on va jusqu'à leur fournir un billard. Un confrère est chargé de la surveillance : seulement, ne sachant d'ordinaire comment s'y prendre pour entrer en contact avec ces jeunes gens, presque aussi âgés que lui, mais issus d'un autre milieu et élevés d'autre façon, gêné pour leur parler, les trouvant soit trop bruyants, soit trop défiants, incapable d'entamer avec eux une conversation sérieuse et, à chaque tentative qu'il fait, contraint de s'en tenir à quelque propos banal, bientôt le confrère se dégoûte d'une besogne qui lui semble impossible et retourne dans la cour jouer à la balle ou aux barres avec les petits, affirmant que, pour les grands, il n'y a rien de mieux à faire que de les laisser entre eux, qu' « ils s'amusent beaucoup plus comme cela ».

Ainsi, peu à peu, l'on se désintéresse tout à fait du « petit cercle ». Le directeur se contente de venir indiquer l'heure des offices et des exercices de piété, se plaindre qu'ils ne sont pas assidûment suivis, et parfois lire ou débiter brièvement quelques « avis » au milieu de l'indifférence de tous. De temps en temps, il y a bien aussi certaines autres petites visites intempestives du directeur ou des confrères; mais celles-là revêtent un caractère vraiment tragique : on se lasse de jouer toujours au billard, il est quelquefois plus divertissant de se livrer à des luttes épiques, les queues servant de lances ; alors, c'est un vacarme infernal, ce sont

des éclats, des cris; les vitres volent en mor-
ceaux; le mobilier lui-même est blessé dans la
bagarre; l'autorité accourt épouvantée : promesse d'exclusion, ordre au coupable de se dé-
noncer, menace de payer la note, amers repro-
ches, sermon, toute une scène très dramatique...
et un peu ridicule. Puis tout rentre dans le
calme. Certains « petits cercles », plus sages,
mieux disciplinés, ne connaissent d'ailleurs
jamais autre chose que ce grand calme plat qui
fait couler les heures monotones et grises autour
de la silencieuse table de jeux ou auprès des
vieux livres d'images jamais renouvelés et que
feuillettent les doigts sages de quelques rares
« bons jeunes gens » dont la docile régularité
ferait l'admiration de tous, si leur présence au
patronage n'avait fini par sembler si nécessaire
qu'on ne la remarque pas plus que celle des
chaises et des bancs qui garnissent la salle presque vide.

Il n'est pas étonnant que les jeunes gens s'ennuient dans la plupart des « petits cercles » : je

dirai même qu'ils ont, en vérité, raison de s'ennuyer. S'ils ne se peuvent contenter d'une vie
étroite et toute passive, s'ils se sentent entraînés
par leur ardeur vers une activité libre et spon-
tanée, ne devons-nous pas leur en savoir même
quelque gré? Et j'ai entendu faire par plus d'un
confrère cette triste constatation que bien souvent les plus intelligents, les plus énergiques,
étaient les premiers à s'en aller; mais, encore
une fois, comment les en blâmer? Et si, — ce
qui est très rare, il faut l'avouer, mais non
cependant tout à fait sans exemple, — une fois
sortis du patronage, ils continuent leur apostolat
parmi leurs camarades, les réunissant et travaillant avec eux, comment même ne pas les en
louer ouvertement?

Il y a, en effet, deux manières de traiter les
jeunes ouvriers des « petits cercles ». On peut
les considérer comme semblables aux autres
enfants du patronage, et ne pas agir différem-
ment avec les uns et avec les autres; seulement
on attend des plus grands plus de sagesse, et en

revanche on leur laisse un peu plus de latitude dans l'observation des règlements; autrement dit, on se contente de prolonger et de perfectionner en eux le plus possible les bonnes habitudes que l'on essaye d'inculquer aux petits enfants, ne profitant guère de leur développement intellectuel que pour leur apprendre à déclamer et à mieux jouer le drame ou la comédie. On peut s'efforcer, au contraire, de s'adresser le plus tôt possible à leur raison et à leur libre volonté, et les considérer non plus comme de grands enfants attardés au patronage, mais comme de jeunes hommes qui ne demandent qu'à se former le plus rapidement qu'ils le pourront en vue de leurs devoirs de chrétiens et de citoyens.

Ces deux conceptions ne sont pas seulement différentes en théorie : elles se traduisent dans la pratique par des méthodes en quelque sorte contraires; et, de même que c'est sur le terrain pratique que l'on s'est aperçu de la presque impossibilité de rien faire en s'appuyant sur la première conception, de même, nous espérons — et nous aurions déjà des résultats concluants à signaler — qu'en appliquant la seconde avec confiance et sans arrière-pensée, on sera bientôt convaincu de ses avantages et de son efficacité.

D'ailleurs, si l'on ne profite pas de cette sorte d'éveil et de crise de jeunesse, qui est si hâtive surtout chez nos précoces ouvriers parisiens, pour orienter définitivement le jeune homme dans la voie qu'il doit suivre toute sa vie, si l'on ne donne pas un aliment sain à son besoin d'activité, si l'on ne dirige pas vers le bien ses ardeurs et ses passions elles-mêmes, le mal s'emparera vite de la place laissée vide et l'on s'apercevra avec de lamentables mais stériles regrets qu'il est trop tard maintenant, « qu'il n'y a plus rien à faire ».

Le « petit cercle » doit donc devenir un centre de vie, une sorte de foyer, où, comme dans une fraternelle veillée d'armes, on se prépare à l'action future. Le jeune ouvrier doit y apprendre ce qu'il a besoin de savoir pour ne pas être incapable d'accomplir son devoir social et civique : tout « petit cercle » devrait donc être un *cercle d'études sociales*, où seraient étudiées et discutées les questions auxquelles il est absolument indispensable que soient initiés les citoyens d'une libre démocratie. D'autre part, le jeune ouvrier doit pouvoir répondre à ce qui se débite couramment contre la vérité et la religion dans les ateliers et les différents milieux qu'il fréquente. Il faut qu'il s'instruise et réfléchisse. Il faut aussi qu'il s'habitue à parler et à savoir discuter. Il importe qu'il ne soit pas une sorte de chose trop docile que la première main venue pourra pétrir à son gré : les convictions ne sont pas faites pour être imposées mais veulent être librement acceptées ; il est donc de toute importance qu'il reçoive et garde volontairement les siennes. Il est nécessaire enfin qu'il fasse lui-même l'apprentissage de sa liberté, et puisse, en travaillant et en agissant avec ses camarades, fortifier sa volonté et développer son initiative.

On le voit, le « petit cercle », bien loin d'être une annexe presque inutile et un peu gênante du patronage, est appelé à avoir un rôle d'une importance tout à fait prépondérante, de telle sorte que la meilleure utilité du patronage lui-même pourrait fort bien n'être qué de l'alimenter. Ainsi compris, d'ailleurs, le « petit cercle » n'est plus cette institution, faite à peu près uniquement pour divertir et qui ne réussit le plus souvent qu'à ennuyer : le jeune ouvrier se rend parfaitement compte qu'il y fait et y apprend quelque chose ; il est fier de ne plus être confondu avec les enfants que l'on fait jouer ; il a conscience qu'en entrant dans le « petit cercle », il a franchi un pas important ; il sent qu'il devient un homme, et c'est avec entrain et allégresse qu'il commence à s'initier aux droits et aux devoirs que va bientôt lui conférer sa prochaine et complète virilité.

... Il n'y a du reste pas à craindre que de semblables travaux déplaisent aux jeunes ouvriers des « petits cercles » et qu'ils s'en aillent, tout de suite rebutés ! Ce, serait bien mal les connaître. J'ai toujours été très frappé, au contraire, du goût prononcé des milieux populaires pour les idées générales. Je me souviens que, parmi les conférences morales que je faisais à mes soldats, celles qu'ils goûtaient le plus consistaient toujours dans le développement logique de quelques idées générales constituant comme un petit système très simple qu'ils éprouvaient sans doute une véritable joie et comme une sorte de fierté intellectuelle à pouvoir facilement pénétrer. Un jour, craignant de les ennuyer par trop d'abstractions, je proposai de leur raconter, pour changer, quelque histoire très concrète de bataille : ils n'en voulurent pas entendre parler, et l'un d'entre eux se prit à dire — c'était un petit graveur de Montmartre : — « Non, ce que nous aimons le mieux, c'est la philosophie ! » Il avait lui-même trouvé ce mot-là pour désigner ce qu'il voulait dire. Surtout chez les ouvriers, et peut-être plus particulièrement encore à Paris, les idées générales sont si fort en honneur que les socialistes ont tout de suite compris l'avantage qu'ils auraient à s'en servir comme d'un appât pour prendre les intelligences ; et cela, sans doute, n'a pas été sans contribuer efficacement à leur si rapide progrès dans les masses ouvrières.

Je songe aussi à un petit cours d'économie sociale qu'a fondé, il y a quelques mois, dans un vieux patronage de Paris, un religieux plein de savoir et d'intelligence pratique des besoins de notre époque. J'ai assisté, un soir, à l'une de ces réunions. Il y avait là une quinzaine de jeunes ouvriers, et après la conférence du maître, courte, précise et substantielle, les auditeurs causaient et discutaient entre eux à propos de la leçon qu'ils venaient d'entendre, répétant et essayant de réfuter les objections qui les avaient le plus frappés dans leurs ateliers, — car on ne soupçonne pas, quand on prétend qu'il y a des choses qu'il vaut mieux laisser ignorer, combien souvent les questions sociales, morales et religieuses, reviennent dans ces ateliers. — Je fus absolument renversé de la lucidité d'esprit de ces très jeunes gens, de la solidité de leur logique, de la précision avec laquelle, après un effort parfois un peu long et pénible, ils finissaient cependant par toucher du doigt le véritable nœud d'une question, de l'aisance dont ils faisaient preuve en résumant toute une théorie d'un mot caractéristique, du goût très vif qu'ils avaient pour comprendre et pour raisonner... Je parlais longtemps avec eux ; et quand, après être descendus dans la nuit, en riant, par l'étroit escalier tournant de l'antique logis, nous nous dîmes adieu, je sentis en leur serrant la main que ce geste banal prenait un sens véritable et qu'à avoir vécu ainsi quelques instants d'une même vie intellectuelle, nous nous trouvions rapprochés comme par une camaraderie d'une espèce très profonde et très forte... Peu de jours après, je rencontrai un de ces ouvriers qui était venu à Auteuil pour l'inauguration d'un cercle d'études que l'on m'avait demandé de présider. Nous revînmes ensemble et nous parcourûmes ainsi une bonne partie de Paris : nous causions de bien de choses amicalement ; il me rappelait ce que l'on avait dit l'autre soir, me citait même textuellement des expressions qui l'avaient frappé, m'invitait avec instance à revenir les voir ; il me demandait de le prévenir lorsque je parlerais dans une réunion contradictoire, me promettant d'aller avec ses amis m'entendre et me défendre ; et moi je m'entretenais avec lui comme avec une vieille connaissance, m'intéressant à tout ce qu'il me racontait sur sa famille, ses occupations, ses goûts, son caractère. Il me reconduisit jusque chez moi, et je songeais, en le quittant, qu'une véritable fraternité m'unissait déjà à ce jeune homme que je n'avais jamais vu que deux fois dans ma vie, et qu'il fallait bien croire qu'un travail en commun était un merveilleux ciment pour les esprits et les âmes.

Que d'étudiants qui ne se sentent aucune disposition pour jouer au ballon ou pour diriger une partie de barres et qui cependant sont portés

vers les patronages par l'exemple de leurs con-
disciples ou par le besoin de se donner et de
travailler avec le peuple et pour le peuple, ne
seraient pas découragés et bientôt réduits à se
retirer devant leur impuissance, si, au lieu de
se contenter de les introduire dans la grande
cour de récréation et de les laisser au milieu do
tout ce mouvement bruyant, sans intérêt pour
eux, avec ce seul conseil : « Cours ! joue ! entre
en relations avec les enfants ! fais comme nous !
apprends à te débrouiller ! » on donnait à leur
sérieuse activité et à leur besoin de dévouement
un autre champ d'action plus approprié à leur
capacité et à leur tempérament, une besogne
mieux définie et qu'ils seraient heureux de
mettre toute leur ardeur et tous leurs soins à
accomplir ! Cette besogne, les « petits cercles »
ne sont-ils pas merveilleusement aptes à la
fournir ? ne réclament-ils pas le concours de
conseillers, de conférenciers, de professeurs
volontaires ? et ne verra-t-on pas bien souvent
le confrère, qui n'eût été parmi les petits dans

la cour qu'une gêne et un embarras, arriver sur ce terrain nouveau à acquérir une très salutaire influence et servir ainsi efficacement au développement et à la prospérité des patronages ?

Remarquons, toutefois, que les jeunes ouvriers ne s'intéresseront vraiment à leurs « petits cercles » et que ceux-ci, d'ailleurs, ne serviront réellement à développer leur initiative que si l'on peut, à juste titre, et non pas seulement grâce à une puérile fiction, considérer ces « petits cercles » comme l'œuvre propre des jeunes gens qui auront ainsi appris à se grouper et à s'organiser eux-mêmes. Que les confrères se gardent bien de confisquer à leur profit la liberté des ouvriers ! Qu'ils se défient d'être des donneurs de conseils trop autoritaires et se contentent d'éveiller, puis de soutenir les initiatives ! D'ailleurs, ils n'ont qu'à se souvenir de ce qui fait pour eux-mêmes le charme du patronage : cette liberté dans l'action, cette spontanéité, cette possibilité de faire passer dans le réel quelques-uns de leurs projets. Bien souvent, ils ont protesté contre le système d'éducation usité dans les collèges dont certains font encore partie et qu'ils accusent d'être trop renfermé, trop déprimant ; en vérité, ce serait une étrange et égoïste inconséquence, quoique malheureusement très humaine, de consacrer ainsi le premier usage de sa liberté à restreindre ou à étouffer celle d'autrui !

— « Mais, dira-t-on, nous voyons bien comme vous l'utilité de l'initiative ; comme vous, nous faisons des vœux pour qu'elle se développe chez nos jeunes ouvriers ; seulement, nous constatons avec regret que, dans la pratique quotidienne de nos patronages, nous ne la rencontrons jamais, ou à peu près, et nous voudrions savoir, — tout le reste, jusque-là, nous intéressant assez peu ; — comment arriver à faire enfin sortir, pour le plus grand bien de tous, ces énergies et ces spontanéités si parfaitement cachées jusqu'à présent, même aux regards les plus perspicaces. »

Nous répondrons que c'est bien là, en effet, qu'est la question difficile et intéressante, celle aussi que nous avons l'intention d'étudier maintenant. Et nous ne nous contenterons certes pas de dire que la solution du problème se rattache à toute une réforme générale de notre éducation nationale, — ce qui serait vrai, d'ailleurs, — et que, d'autre part, — ce qui n'est pas tout à fait faux non plus, — une des bonnes manières d'encourager les initiatives, c'est de ne pas les décourager, c'est-à-dire de savoir préférer parfois une idée moins bonne venue d'un autre à une idée meilleure venue de soi, pratique difficile et rarement suivie. Nous ne resterons pas dans de semblables généralités ; nous voulons apporter quelque chose de précis, et, nous l'espérons, d'immédiatement approprié aux besoins actuels des « petits cercles ».

III

Il y aurait évidemment contradiction à prétendre vouloir *donner* à quelqu'un de l'*initiative*, celle-ci devant, de par sa nature même, ne pas s'imposer de l'extérieur, mais bien naître et se développer spontanément ; ce que l'on peut faire, c'est placer le jeune homme dans les conditions les plus favorables, le mettre dans un milieu apte à l'éclosion de son initiative ; pareillement, ce n'est pas le chimiste qui fait réagir les corps entre eux, mais c'est lui qui place ces corps en présence de manière à ce que la réaction puisse avoir lieu.

Or, la plupart des « petits cercles » constituent un milieu essentiellement défavorable, milieu étroit et renfermé, sans ouverture sur le dehors ; l'âpre vent qui vient du large, frappe le visage et stimule les énergies ne saurait y pénétrer ; on essaye d'obstruer les fenêtres et de capitonner les portes. Et cependant, à moins de s'en tenir à la simple préservation, entreprise essentiellement dangereuse et décevante, — car celui qui n'avance pas recule, et il est souvent plus facile d'obtenir beaucoup en s'adressant à ce qu'il y a de généreux dans l'âme que de maintenir indéfiniment des tièdes dans une médiocrité morale sans enthousiasme et sans joie, — à moins de renoncer à cet apostolat du peuple par le peuple dont tous proclament aujourd'hui la nécessité, il faut permettre aux germes d'initiative de pénétrer jusqu'au jeune ouvrier, il faut abandonner enfin le système des Œuvres closes.

Qu'il me soit permis de rapporter ici un souvenir personnel qui fera, sans doute, mieux pénétrer les explications qui vont suivre.

Je visitais, il y a quelques mois, un patrotiage du centre de Paris dont un jeune prêtre de mes amis venait d'être nommé aumônier. Nous en vînmes à causer du « petit cercle ». Mon ami était visiblement découragé.

« Ce sont de bien bons enfants, me disait-il, mais ils ne savent que jouer, rire et crier ; ils sont capables tout au plus de déclamer des monologues. Je ne sais comment m'y prendre ; je n'ai pas de points de contact avec eux ; nous n'en pourrons jamais rien faire !... Tenez, venez plutôt les voir ! Je serais curieux de savoir votre opinion. »

Après avoir traversé la cour toute pleine de bambins criards qu'amusaient des confrères d'un admirable dévouement, je pénétrai dans une petite salle où quelques tout jeunes gens entouraient un billard ; ils ne semblaient pas prendre grand intérêt à leur jeu et préféraient sauter, se battre, pousser des cris. Je causai quelques instants avec eux, mais ils étaient si pétulants, si nerveux, si bruyants que je compris bien qu'il ne fallait pas essayer de leur parler sérieusement, je me contentai de rire et de plaisanter, et, de la sorte, nous fîmes tout de suite connaissance.

— Vous voyez, me dit l'aumônier, il n'y a rien à faire... Parlez-leur tout de même du cercle d'études sociales que je voudrais fonder.

On réunit donc tout le patronage, petits et grands ; je leur adressai quelques paroles, les félicitant de leur bonne humeur et de leur gaîté, les incitant à ne pas songer seulement à eux-mêmes et à se préparer en vue de l'action qu'ils devaient avoir autour d'eux comme citoyens et comme chrétiens ; à la fin, j'annonçai la fondation d'un cercle d'études sociales.

Je sentais parfaitement que je parlais dans le vide, que l'on ne me comprenait pas ; je voyais les mains et les pieds s'agiter, les têtes remuer, et, sans les yeux sévères des confrères qui montaient la garde, et ma qualité d'étranger qui imposait le respect, je crois que l'on ne m'aurait peut-être pas très religieusement écouté.

— Eh bien ! reprit l'aumônier, quand nous

nous retrouvâmes seuls ensemble, vous voyez, ce n'est pas fameux ce terrain-là ; je ne sais pas ce que l'on pourra faire de bon là-dedans.

Mon ami avait des aspirations morales et sociales semblables aux miennes ; nos conceptions étaient les mêmes ; nous poursuivions un but commun. Un peu inquiets, nous cherchions ce soir-là comment nous pourrions bien arriver à pénétrer jamais jusqu'à l'esprit de ces jeunes ouvriers et à atteindre leurs âmes qui semblaient se dérober et se cacher si profondément, insoupçonnées peut-être d'elles-mêmes.

Décidément, dans ce milieu du patronage où chacun d'eux avait déjà revêtu devant ses camarades un personnage factice et craignait, par-dessus tout, de se rendre ridicule en prenant au sérieux quelque chose dont auraient ri les autres, il était par trop difficile de résoudre le problème. Il fallait, tout d'abord, sortir l'un ou l'autre de l'œuvre close, le mettre dans un milieu très différent, non pas en présence de projets, mais de réalités bien vivantes dont il serait tout pénétré et dont il rapporterait ensuite à ses camarades la forte et vigoureuse impression.

— J'ai une idée, dis-je à l'aumônier en le quittant... Tâchez de m'en découvrir trois ou quatre un peu débrouillards, et nous verrons bien ensuite s'ils ne marcheront pas tout seuls... Adieu et bon espoir !... Je vous écrirai quand il y aura lieu.

Quelques jours après, je devais présider un banquet où nos amis ont coutume de se réunir. J'avais fait inviter, cette fois, bon nombre d'apprentis et d'ouvriers... Bien entendu, je convoque mes amis du « petit cercle ». A la place d'honneur, à ma droite, je fais asseoir l'un d'eux, un jeune garçon d'une quinzaine d'années. Durant le repas, il est vraiment un peu intimidé et ne cause pas beaucoup. Mais voilà le dessert qui s'annonce par le champagne et par des toasts, des toasts vibrants et indéfiniment multipliés, — je crois qu'il y en a eu jusqu'à trente. — Je me penche à l'oreille de mon voisin, et je lui glisse tout bas :

— Vous allez faire un toast tout à l'heure, au nom de vos camarades des patronages ; c'est un usage ici, vous voyez...

— Mais je ne sais pas comment faire, je n'ai jamais parlé... ume cela.

— Alors, raison de plus pour commencer !

— Je ne vois pas ce qu'il faut dire.

— Bah ! c'est bien simple ; vous direz, par exemple, que les jeunes ouvriers veulent, eux aussi, travailler pour le bien de la France, que tous nous devons être unis et marcher ensemble parce que nous avons le même amour dans le cœur ;.... et puis, d'abord, vous direz tout ce que vous voudrez, cela sera bien mieux ainsi.

Et pendant ce temps, les toasts se succèdent avec des gestes, des éclats de voix, parmi les verres qui se choquent et les bravos qui éclatent, tandis que mon voisin se tait et devient rêveur.

— Allons, cela va être le moment. Etes-vous prêt ?

— Pas encore tout à fait.

— Bon. Le second toast, c'est le vôtre.

Un grand diable de sous-officier d'artillerie est debout, l'air cordial, l'humeur franche et joyeuse ; pendant quelques minutes, des mots bruyants se pressent et font un éclat semblable à celui de caissons emportés au galop.

— A vous, maintenant. Vous verrez : ça ira.

Et, crânement, mon petit Parisien se lève. D'une voix jeune, nette, vibrante, il dit brièvement ce qu'il veut dire, et puis s'assied, un peu ému, mais joyeux tout de même comme après une première bataille, tandis que les convives, se doutant bien que c'est là la courageuse prouesse d'un novice, applaudissent à tout rompre.

Le banquet est fini. On quitte sa place. On cause, on échange des mots de revoir et d'espérance. On sent le but plus proche, on a le cœur plus large ; on a pu dire enfin les mots sincères qui osent rarement monter de la bouche jusqu'aux lèvres, et l'on s'en va content.

... Peu de temps après, mon jeune orateur venait me trouver chez moi... Il leur fallait absolument, me disait-il, fonder un cercle d'études; ils en sentaient le besoin; c'était leur idée, à eux; ils voulaient étudier, discuter, apprendre à faire des discours;... et l'on venait m'inviter à assister le lendemain à l'inauguration du nouveau cercle... Tandis qu'il parlait ainsi, je l'observais et je me plaisais à le comparer à ce qu'il m'était apparu lorsque je l'avais entrevu pour la première fois dans la salle de billard, le jour où l'aumônier s'était plaint qu'il n'y avait pas moyen de trouver de points de contact.

Certes, ce ne sont plus les points de contact qui manquent maintenant! D'ailleurs, nous avons continué à improviser ainsi d'autres orateurs, et il a suffi de les jeter à l'eau pour qu'ils sussent se tirer d'affaire... Quand nous allons parler dans quelque faubourg, il est bien rare que nous ne découvrions pas dans la foule les yeux intelligents et ardents de quelques-uns de nos jeunes amis du cercle d'études ; ils semblent attendre avec impatience l'heure des grandes luttes, car ils sont convaincus que nous ne devons pas continuer toujours à leur apprendre les mouvements de la natation dans la salle chauffée de quelque gymnase, mais qu'il nous faut retourner avec eux jusqu'à la grande mer populaire qui est la leur et les laisser s'exercer à nager parmi les vagues.

Nous avons vraiment la ferme confiance que si l'on commençait résolument à renoncer au vieux système de ce que nous avons appelé les *œuvres closes*, on serait bien vite récompensé de tous les efforts tentés en ce sens. Que l'on essaye de faire *sortir* les jeunes gens au lieu de n'avoir d'autre idéal que leur assiduité au patronage, et l'on s'apercevra, sans doute, que ce régime nouveau, au lieu d'étouffer les initiatives, met en valeur les qualités et les talents particuliers de chacun ; quant à ceux qui pourraient craindre, de ces exodes fréquents, une sorte de relâchement des liens de camaraderie du patronage, je leur demanderai seulement s'ils sont d'avis que la fraternité militaire ait jamais eu à souffrir des campagnes et des guerres ou même simplement des grandes manœuvres.

Remarquons, du reste — et cela importe — que nous ne nous occupons pas ici, bien entendu, des enfants, mais seulement des jeunes gens qui ont atteint ou dépassé leur quinzième année et dont le développement est, en général, beaucoup plus précoce dans le peuple des villes que dans les campagnes et dans la bourgeoisie; même, il ne s'agit pas d'abord de s'adresser indistinctement à tous les membres des « petits cercles »; que l'on commence avec quelques-uns, et ceux qui se seront ainsi formés se chargeront bien eux-mêmes d'avoir à leur tour de l'influence sur leurs camarades.

Les occasions ne manqueront pas pour appliquer notre méthode. Combien sont nombreuses ces réunions qui ont lieu, soit dans la soirée, soit le dimanche, et où quelque conférencier traite devant un auditoire populaire ces grands sujets fondamentaux : *devoir civique, influence sociale du christianisme, rôle de la jeunesse...* sujets qui peuvent bien, à la longue, fatiguer et lasser, mais qui — on en conviendra — sont parfaitement appropriés au but particulier que nous poursuivons ; en effet, il ne s'agit même pas tant encore de donner au jeune homme des idées sérieuses et précises que de lui révéler l'existence d'un certain ordre de choses auquel il n'a peut-être jamais songé, que de lui laisser une impression très vive, source future de réflexions personnelles.

Comment le confrère ne saurait-il pas profiter d'une circonstance aussi favorable pour entrer en relation plus intime avec ses compagnons? Jusqu'alors, il n'avait pu s'entretenir avec eux que de choses banales et insignifiantes; et voilà que d'eux-mêmes, au sortir de la salle de réunion, encore un peu grisés de bruit et d'émotion, tout imprégnés de cette atmosphère vibrante de sympathie dans laquelle ils viennent de vivre quelques instants, ce sont maintenant les jeunes ouvriers qui parlent les premiers, qui interrogent et qui laissent apparaître un fonds de générosité et d'enthousiasme inconnu jusqu'alors... Et la conversation se prolonge sérieuse et cordiale, tout à la fois familière et grave; vite, s'évanouissent les cloisons qui séparaient l'étudiant et l'ouvrier, les emprisonnant chacun dans son milieu, et l'on sent que l'on est bien véritablement frères, puisque l'on pense, puisque l'on veut ensemble, puisque l'on combat pour la même cause.

Dès lors, on travaillera en commun, non pas dans le vide et simplement pour s'occuper, mais en vue d'une action réelle à exercer et qui réclame le concours et l'effort de tous. Les jeunes ouvriers s'efforceront de voir clair dans les questions qu'ils savent débattues autour d'eux et qui touchent à leurs intérêts les plus graves et les plus actuels; ils apporteront leur connaissance partielle, mais expérimentale et vécue, des questions ouvrières, tandis que les confrères les feront bénéficier de leur savoir et de leur habitude du maniement des idées ; il y aura véritablement collaboration. On appellera parfois dans le « petit cercle » même des hommes compétents, — les confrères pourront servir à les désigner et à les inviter, — non pas pour faire des discours, mais pour causer, pour répondre aux questions, pour renouveler la sève intellectuelle, animer et fortifier là vie du groupe.

On s'efforcera aussi de former des orateurs ouvriers — ce qui est aujourd'hui d'une si capitale importance. — Là encore, aussitôt que possible, il faudra sortir le jeune conférencier de son « petit cercle », dans lequel il parle devant des camarades qu'il connaît trop, ce qui rend sa tâche plus difficile, et le conduire dans un autre cercle d'études, moins avancé que le sien où il pourra tout à la fois s'exercer et surtout, — ce qui vaut mieux, même au point de vue de sa formation personnelle, — se rendre utile et contribuer déjà à propager ses idées. Il importe qu'il prenne le plus tôt possible un rôle actif, qu'il ne travaille pas pour défendre les idées des autres, mais ses idées propres, celles qu'il a acceptées librement, avec amour; de la sorte, il cessera d'être, entre les mains des hommes, un instrument inconsciemment obéissant, ce qui est toujours dangereux, car on ne sait jamais si, à cause de sa docilité même, il ne va pas se retourner quelque-jour contre celui qui l'a façonné pour s'en servir, mais un citoyen éclairé, un disciple conscient du Christ.

De la sorte, les jeunes gens iront puiser au dehors le mouvement et l'activité nécessaires pour alimenter la vie même du cercle, et inversement, par une sorte de réciprocité, c'est grâce au travail interne du cercle qu'ils deviendront de plus en plus capables d'agir efficacement au dehors.

Nous sommes du reste convaincu que la pratique de l'apostolat est encore le meilleur moyen de préservation au point de vue moral et religieux. Une fois qu'un jeune homme a pris librement position, une fois qu'il *s'est compromis* devant ses camarades, le respect humain est comme mort en lui et il n'a plus sans cesse à lutter, sur chaque point de détail, pour avoir l'énergie de se montrer ce qu'il est ; tout au contraire, il lui faudrait presque un effort pour sortir de la voie où il a eu le courage de s'engager. Nous pourrions multiplier les exemples, et nous en trouverions certes de bien caractéristiques dans la vie de caserne où celui qui, avec simplicité et bonne humeur, conserve ses habitudes pieuses, ne se cachant pas pour aller à la messe et pour communier ou pour faire sa prière à genoux au pied de son lit dans la chambrée, s'attire bien vite l'estime et souvent même l'affection de ses camarades, tandis que toutes les railleries et toutes les persécutions — ce qui n'est presque que justice — s'en vont au timide ou au lâche, qui, gauche et gêné, semblant perpétuellement s'excuser de ne pas ressembler à tous les autres, cherche à dissimuler ce qu'il est, n'y réussit que fort maladroitement, excite sans cesse autour de lui l'envie méchante de découvrir ce qu'il paraît mettre un soin jaloux à tenir toujours secret, et fournit ainsi quelque raison d'être aux tourments qu'on lui inflige et au mépris dont on l'abreuve. Nous préférons nous contenter ici de choisir nos exemples dans ce milieu ouvrier où sont en définitive appelés à vivre, où vivent même dès maintenant les jeunes gens que les *Œuvres* se proposent de *préserver*.

Il est intéressant d'observer combien l'apostolat, que l'on considère, à juste titre, comme un fruit bienfaisant de la formation morale et religieuse, réagit à son tour d'une façon tout à fait efficace sur cette formation elle-même, devenant un merveilleux adjuvant de la *vie intérieure*. Comme me le faisait remarquer un saint religieux, on ne peut donner que ce qu'on a, et par conséquent si la vie chrétienne ne circule pas surabondamment dans l'âme du jeune homme, il lui sera impossible de répandre cette vie autour de lui. Mais, justement, c'est lorsqu'il s'apercevra qu'il lui faut beaucoup *donner*, qu'il songera à beaucoup *acquérir*; et, du reste, la divine charité est fertile en prodiges : le don de soi n'appauvrit jamais, et c'est même une règle du gouvernement spirituel de Dieu que plus on donne des énergies de son cœur par amour de Lui, plus Il se plaît, non seulement à compenser les pertes, mais encore à élargir davantage le cœur lui-même, de manière à ce qu'il devienne capable de contenir l'excès des dons que ce Maître miséricordieux a voulu prodiguer en retour.

Nous avons été à même de suivre dans la réalité concrète et d'expérimenter en quelque sorte cette divine politique de notre Dieu vis-à-vis des âmes. Nous avions remarqué le zèle d'un jeune ouvrier qui travaillait avec une ardeur toute particulière à l'organisation de Cercles d'études et qui semblait tout à fait attiré vers le mouvement et la vie extérieurs ; on aurait pu craindre que tant d'agitation et un goût si prononcé pour l'action ne risquassent de diminuer en lui le recueillement et la vie propre de l'âme. Quel ne fut pas notre étonnement quand nous apprîmes que ce jeune homme avait des habitudes de piété toutes spéciales, faisait chaque jour sa méditation — ce qui est certainement rare chez un ouvrier — et quand nous sûmes que Dieu s'était justement servi de cette sorte de fièvre d'action et d'apostolat pour fortifier et préciser certains appels anciens de vocation et pour hâter l'heure du don complet et irrévocable de cette âme à Lui.

Nul besoin de craindre, d'ailleurs, que la possibilité d'une action extérieure vienne jamais à faire défaut aux jeunes catholiques. Hélas ! jusqu'à présent, surtout si on les compare aux ouvriers socialistes, ce sont bien plutôt les ouvriers catholiques, si peu nombreux malgré la vaillance de certains, qui ont fait défaut à toute action extérieure.

Je voudrais, pour commencer, que les jeunes gens de nos « petits cercles » prissent part le plus tôt possible aux grandes manifestations religieuses ; j'aimerais à ce qu'on les conduisît entendre les orateurs catholiques les plus renommés, ceux dont ils ont comme les autres le droit d'être fiers : il faudrait qu'ils pussent les approcher et emporter d'eux comme un encouragement et un souvenir plein de réconfort et d'espérance, une cordiale poignée de main, une parole, tout au moins un sourire. Je me souviens qu'un jour que je causais familièrement à l'hôpital militaire avec un soldat convalescent, garçon intelligent et socialiste militant, celui-ci qui savait qu'il pouvait sans danger me dire tout ce qu'il voulait, s'étant mis à me raconter ses idées et la propagande qu'il avait essayé de faire avant d'entrer au régiment, en vint à me parler de l'un des principaux chefs du parti socialiste, et cela, d'un ton d'affection familière qui m'étonna; et comme je l'interrompais, lui demandant s'il le connaissait particulièrement : Si je le connais, mon lieutenant, me répondit-il vivement, ah ! vrai, on peut dire que oui : mes camarades et moi, nous avons tous été élevés sur ses genoux... » Je n'ai pas approfondi le degré d'intimité de leurs relations, mais il avait eu, en me disant cela, un air de sincérité reconnaissante et joyeuse qui me rendit songeur, et je me demandais, tandis que je revenais un peu tristement de l'hôpital, si nous n'avions pas là malgré tout, quelque chose à envier aux socialistes.

Vraiment, le temps presse. Il serait funeste de refuser à la lutte, sous prétexte qu'ils seront ainsi plus en sûreté, ceux qui doivent être des soldats : il y a des heures où l'on est forcé d'avancer l'âge de la conscription et de donner des armes à quiconque est en état de les porter ; qui oserait affirmer que nous ne sommes pas à une de ces heures-là ?

Certains catholiques ardents de la région du Nord ont compris quel merveilleux parti on pouvait tirer des patronages pour l'action générale. Non seulement les jeunes gens prennent part aux cérémonies, aux manifestations, aux réunions organisées dans leur ville, mais encore on trouve le moyen de les conduire dans toute la contrée, lorsqu'on a besoin de leur concours, et l'on comprend quelles fêtes deviennent pour eux ces petits voyages qui les ravissent d'autant plus que ce ne sont pas de simples promenades, mais qu'on s'est toujours préoccupé de leur trouver un rôle et de leur bien montrer qu'ils sont utiles à quelque chose.

Un jour, un de mes amis m'avait invité à faire un discours dans un petit village du Pas-de-Calais. Il s'agissait d'inaugurer un drapeau du Sacré-Cœur ; il devait y avoir un meeting, le soir, dans un cabaret ; on avait pavoisé, dressé des arcs de triomphe : c'était grande fête, le pays était en liesse. On m'avait prévenu qu'une surprise m'attendait ; on n'avait pas voulu me dire laquelle. Or, à peine avais-je fini de déjeuner avec mon ami, dans un village voisin, que j'entendis un bruit assourdissant de clairons et de tambours... Je me lève : quel n'est pas mon étonnement d'apercevoir, drapeau déployé, musique en tête, tout un patronage que je connaissais bien pour avoir été une fois si aimablement reçu par lui que nous étions depuis restés en très affectueuses relations de correspondance ; ils venaient de très loin, d'une petite ville industrielle, près du « Pays noir » des mineurs ; ils avaient fait ainsi tous ensemble un vrai voyage pour pouvoir m'accompagner eux-mêmes à la fête. On comprend si nous fûmes heureux de nous retrouver, et si nous trinquâmes joyeusement ! Puis, à travers la douce et placide campagne, je cheminai avec mon escorte d'honneur ; et sentant bien que c'était un peu d'affection qui marchait ainsi devant moi, un peu d'enthousiasme aussi, je ne trouvais vraiment pas cela ridicule. Durant toute la fête, mes jeunes amis furent aux premières places : pendant la cérémonie de l'inauguration du drapeau, ils garnissaient le sommet du tertre qui servait d'estrade et ils chantaient des hymnes qui furent appréciées des gens du pays ; à l'église, ils avaient trouvé place dans le chœur, alors que la foule trop nombreuse restait presque toute massée dans le

cimetière ; le soir, au meeting, ils étaient à
côté des conseillers municipaux, au pied même
de la tribune, la supportant presque de leurs
épaules, et quand je parlais, ils faisaient des
airs d'intelligence, voulant sans doute montrer
par là qu'ils étaient très au courant de ma pensée... Enfin, après les discours, alors que tout
le monde fraternisait et que chacun faisait valoir
ses talents de société au milieu des rires, des
cris, des bravos et de la fumée des pipes, ils
firent vraiment honneur à leur ville, et leur
aisance, leurs chansons, leur conversation aima-
ble et enjouée furent goûtés de tous. Avant de
s'en aller, ils voulurent se réunir dans une petite salle où ils seraient tout seuls pour me faire
leurs adieux : nous choquâmes une dernière
fois nos verres ; on fit quelques toasts encore ;
je les reconduisis jusqu'au seuil. Je leur de-
mandai, devenant plus grave alors, s'ils voulaient vraiment, ainsi que je les en avais sup-
pliés dans mon discours, devenir de bons
citoyens et faire quelque chose pour la France

et pour Dieu. Ils me répondirent que oui, qu'ils tâcheraient, qu'ils travailleraient ; et les voyant s'en aller dans la nuit qu'éclairaient doucement les étoiles, si bons, si simples, si braves, je sentis que la promesse de ces petits enfants de France m'avait mis de la joie plein le cœur, et tout confiant, l'âme légère, je rentrai vite dans la taverne bruyante et enfumée retrouver les paysans qui buvaient et chantaient toujours.

Non seulement il nous semble utile de vivifier et de féconder les « petits cercles », suivant la méthode que nous avons essayé de définir, c'est-à-dire en les ouvrant largement et en renonçant franchement au système des *Œuvres closes*, mais nous croyons qu'il y aurait aussi tout avantage à établir des relations entre les membres des différents petits cercles, ou plus exactement à favoriser leur rapprochement.

Qu'on remarque d'abord que ces relations deviennent presque nécessaires si l'on développe l'activité des jeunes ouvriers dans le sens que nous avons indiqué : en effet, ils vont se

rencontrer dans les mêmes assemblées, entou-
rer les mêmes orateurs et les plus ardents parmi
eux iront, en dehors de leur propre cercle, commencer leur apostolat en essayant de porter la
bonne parole dans des groupes plus tièdes ; plus
tard, ils se retrouveront sans doute dans les
mêmes réunions publiques et combattront les
mêmes combats.

Seulement, au lieu de laisser faire les seules
circonstances imprévues, n'y aurait-il pas avantage à fournir l'occasion de se connaître à ceux
qui sont appelés à lutter ensemble dès demain ?
On ne saurait croire quel précieux encouragement c'est pour l'homme et surtout pour le jeune
homme, qui a tant besoin de camaraderie et de
sympathie, de savoir qu'il y a, à côté de lui, des
amis qui ont les mêmes désirs, les mêmes aspirations, qui se heurtent aussi aux mêmes diffi-
cultés et aux mêmes souffrances. Plus il les sait
nombreux et plus il se sent fort ; la multiplicité
des tentatives analogues aux siennes lui donne
confiance et accroît son énergie ; ses espérances

les plus lointaines prennent à être partagées je ne sais quelle réconfortante réalité. Les étudiants ont éprouvé le besoin d'entrer en relation les uns avec les autres, et ils ont affirmé à juste titre que, bien que sortis de différents collèges, puisqu'ils avaient un même rôle à remplir, les mêmes croyances et le même but, il leur était utile de briser un individualisme étroit et funeste et de travailler à se faire une âme commune, cette condition nécessaire d'une action commune. Les confrères de patronage eux-mêmes se réunissent souvent en des Congrès ou en des assemblées plus intimes ; ils trouvent bienfaisant de profiter de leurs expériences réciproques, de s'encourager mutuellement et de concerter leurs travaux. Pourquoi donc les jeunes ouvriers ne bénéficieraient-ils pas, eux aussi, du bienfait de se retrouver en d'amicaux rendez-vous, alors qu'ils sont si isolés, en des milieux si hostiles, et qu'ils rencontrent trop souvent tant d'apathie et tant d'indifférence même parmi leurs camarades des « petits cercles » ?

Des liens nombreux rapprochent les directions des divers patronages ; ne serait-il pas utile que, de leur côté, les jeunes gens des « petits cercles » apprissent à avoir conscience de la solidarité qui doit les unir ? Aujourd'hui, en dehors de leur groupe très restreint, ils ne connaissent généralement personne et ne sont nullement au courant des efforts tentés par les autres ; cependant nous savons qu'il existe déjà dans certains quartiers quelques relations de patronage à patronage ; nous connaissons même un cercle d'études qui invite régulièrement, à chacune de ses réunions hebdomadaires, une délégation du cercle d'études voisin ; il y a ainsi tout à la fois une sorte de collaboration et d'émulation dans un travail commun, qui ne peut que contribuer puissamment à développer l'intensité de la vie propre de chaque groupe. Là encore, nous constatons avec joie que les besoins que nous indiquons commencent à être ressentis et que l'on s'est parfois même instinctivement essayé à les satisfaire dans la pratique avant de les avoir encore formulés dans la théorie.

Du reste, nulle nécessité d'une organisation toujours lente et difficile à élaborer, pour réunir quelques jeunes gens choisis parmi les plus actifs des patronages, parmi ceux qui peuvent être à juste titre considérés comme l'âme des différents groupes. Ils pourront ainsi s'entendre en toute liberté, causer familièrement, se tenir au courant de ce que chacun aura tenté, prendre des rendez-vous, s'inviter les uns les autres dans leurs cercles respectifs, s'informer mutuellement des diverses conférences auxquelles ils voudraient assister ensemble, préparer en commun l'action extérieure à laquelle il est nécessaire qu'ils s'exercent le plus tôt possible, en un mot, faire acte d'initiative et s'occuper eux-mêmes de leurs propres affaires.

De semblables réunions peuvent être conçues suivant différents types : ce qui importe, c'est qu'elles ne perdent pas tout à la fois leur sens et leur utilité en devenant quelque chose d'administratif, préparé et réglementé en haut lieu, véritable exercice imposé et ne laissant plus aucune place pour la libre spontanéité. On ne peut pas organiser facilement une collaboration morale et une union d'âme entre les divers patronages comme on organise un concours de gymnastique ; nous sommes bien loin, du reste, de critiquer ces sortes de concours si utiles, non pas tant peut-être encore au point de vue physique que comme éléments d'activité et de vie, et qui n'ont certes pas été sans contribuer eux-mêmes pour leur part à une émulation très féconde et à des relations très souhaitables ; toujours est-il, cependant, que des buts différents réclament des méthodes et des pratiques différentes, et que, à supposer même que l'on pût espérer arriver à constituer un jour — le rêve est certes séduisant — une sorte de représentation officielle des petits cercles, il y aurait encore tout un travail préalable de rapprochement et de fusion à réaliser, toute une éducation à accomplir auparavant et qui nécessiterait une liberté d'allure et une diversité de moyens malaisément conciliables avec la rigidité et l'impersonnalité d'une action purement administrative. Qu'on ne s'y trompe pas, d'ailleurs ; l'union des cœurs et des volontés, si nécessaire et à laquelle tous doivent travailler, ne peut pas se décréter : elle ne peut que se constater quand elle existe ; inutile de trop se tourmenter des organisations qui s'imposeront peut-être alors, mais qui jusque-là ne sauraient fonctionner sans elle ; elles naîtront bien spontanément le jour où sera enfin réalisée cette union tant désirée.

Les confrères qui assisteraient à ces réunions intimes — car il n'y aurait le plus souvent aucun inconvénient, et dans bien des cas, au contraire, un très réel avantage à ce qu'ils y fussent présents — non comme maîtres et surveillants, mais comme camarades et amis — trouveraient là une merveilleuse occasion de se rapprocher de la jeunesse ouvrière, de se mêler très intimement à elle et peut-être parfois de redresser certains de ses désirs et d'éclairer certaines de ses aspi-

rations ; mais, remarquons-le, le rôle du confrère en pareille circonstance ne devrait pas être
précisément d'enseigner. Il existe maintenant,
dans beaucoup de patronages, des cours du soir ;
il a même été tout récemment fondé, par des
étudiants catholiques, une sorte d'enseignement
populaire supérieur, s'adressant naturellement
à l'élite des « petits cercles », et l'on comprend
aisément combien nous applaudissons à ces tentatives qui s'inspirent justement de l'esprit que
nous avons essayé de définir ; mais si nous
reconnaissons la valeur et la nécessité de l'enseignement proprement dit, nous n'oublions
pas cependant qu'il n'est pas suffisant d'instruire
le peuple et que nous devons aussi travailler
avec lui, sans qu'il y ait toujours pour nous sépa-
rer une distinction de maître et d'élève, que
nous avons en somme une même tâche de
citoyen et un même devoir de chrétien, et que,
devant la patrie comme devant Dieu, ce serait
en vérité une mauvaise pensée de ne pas nous
sentir tous égaux. Que les plus courageux, que

les meilleurs d'entre nous, de quelque milieu qu'ils sortent, mettent en commun non seulement leur science, mais encore leur expérience, leur ardeur, leur enthousiasme ; et, dans une très féconde fraternité, se réalisera, du reste, le plus pur idéal de l'enseignement lui-même, si, suivant la belle expression de Michelet, « l'enseignement c'est une amitié ».

On le voit, il serait vraiment très aisé de se servir des « petits cercles » de la façon la plus utile et la plus opportune : ils ne demandent qu'à être vivifiés et élargis pour devenir des instruments de formation sociale et religieuse et des écoles d'initiative. Puissent les hommes d'intelligence et de dévouement, qui ont déjà tant fait par le moyen des patronages, ne pas s'arrêter en aussi bonne voie et comprendre maintenant quel admirable parti il serait possible de tirer de leur œuvre! Bien des symptômes encourageants nous conseillent fermement d'espérer ; aussi, nous avons confiance et nous voulons croire que, Dieu aidant, les bons germes se développeront généreusement dans notre terre de France et seront assez vigoureux pour n'être ni étouffés ni stérilisés. Notre pays a besoin de citoyens robustes, indépendants, ayant fait l'apprentissage de la liberté, conscients de leurs devoirs comme de leurs droits, poursuivant un but et défendant un idéal : nous devons travailler à les lui fournir.

IV

Nous n'avons pas la prétention de poser ici
des règles précises, qui d'ailleurs ne sauraient
être immuables et devraient varier suivant les
cas particuliers ; mais nous sommes convaincu
que les réflexions qui précèdent ont un caractère
assez pratique pour qu'il soit permis d'agir immédiatement dans le sens que nous avons essayé d'indiquer, et cela d'autant plus aisément
que, — nous ne saurions trop le répéter, — il
ne s'agit pour le moment que de nous servir de
ce qui existe déjà et de travailler dans les cadres
actuels ; et, d'autre part, nous croyons avoir
assez montré que les patronages eux-mêmes
bénéficieraient grandement, tous les premiers,

de l'application des méthodes que nous recommandons.

Si cependant quelques timorés nous objectaient encore que, sans qu'il y paraisse, et tout en respectant les organisations existantes, ces pratiques nouvelles seraient pour l'esprit des vieilles œuvres un véritable danger, tendant à substituer au système ancien de protection je ne sais quel idéal d'émancipation et d'indépendance, nous pourrions, — et cela sans entrer dans une discussion que nous n'avons pas l'intention d'entreprendre ici, — faire remarquer qu'après tout, une œuvre, si excellente soit-elle, ne doit jamais être considérée comme une fin en soi et que ce serait se duper étrangement de la prendre pour autre chose que pour un moyen et un instrument.

On raconte qu'il existait dans une ville de Belgique une œuvre très louable et très touchante « le Sou du Pauvre », qui consistait à remettre, à l'entrée de l'église, un sou à chaque pauvre, de façon à ce qu'il pût, comme les autres, se payer le luxe d'une chaise. Or, le curé eut l'idée d'installer des bancs confortables et spacieux qui seraient gratuits et pourraient ainsi servir à tout le monde. Mais il avait compté sans les protestations indignées des saintes âmes du « Sou du Pauvre ». — N'était-ce pas vraiment une pensée bien coupable de vouloir ainsi supprimer brutalement une œuvre aussi excellente et aussi pieuse, et qui avait déjà fait tant de bien qu'on lui devait certes plus de reconnaissance ? Et c'était l'œuvre la plus facile à propager, la plus prospère, la plus aimée !... Comment ! Il n'y aurait plus de « Sou du Pauvre » !... Non, non, cela ne se pouvait pas ! — Force fut au pauvre curé réformateur de sortir bien vite de l'église ses bancs, dont la présence seule était presque considérée déjà comme une profanation.

Cette histoire amusante ne doit pas seulement faire sourire ; certains pourraient, sans doute, la méditer avec quelque profit. Certes, il est bien naturel que l'on s'attache avec prédilection à l'instrument qui a servi à faire du bien et qui s'est comme identifié au regard avec ce bien accompli ; il n'est pas étonnant que l'on conçoive difficilement la possibilité de travailler sans lui et que cette pensée même d'en être jamais privé soit douloureuse et blessante ; mais celui dont le cœur est tout enflammé par l'ardente passion du but à atteindre se séparera, s'il le faut, pour continuer sa route, des moyens d'action, même les plus aimés, comme un voyageur qui dit adieu au guide grâce auquel il a pu franchir un passage dangereux, avec affection et regret mais sans découragement, l'âme toute tendue vers le terme lointain de la route.

Nos patronages ont été conçus comme des remèdes, et plus un remède est excellent, plus il doit tendre à reconstituer promptement l'organisme dans sa primitive intégrité. Il y a, sans doute, un véritable danger à affirmer une illusoire guérison et à arracher trop tôt les pansements bienfaisants qui cicatrisent des plaies non encore fermées et toujours saignantes ; seule-

ment, au fur et à mesure de la guérison, le
médecin ne se contente pas de renouveler les
bandages, il varie les médicaments et les appro-
prie à la force croissante du blessé. De même,
il faut bien que les œuvres changent, elles
aussi, et tendent à se rapprocher de plus en plus
de ce qui convient à un organisme social en bon
état de santé; une œuvre qui n'évoluerait pas de
la sorte n'atteindrait pas son but, puisque le ma-
lade demeurerait toujours aussi éloigné de la
guérison.

Du reste, à prendre pour des germes de des-
truction ce qui n'est en réalité que germes de
vie et de progrès, une œuvre hâterait sa propre décadence et se condamnerait à une funeste
stérilité. Il ne s'agit pas ici, en effet, de savoir
si l'on peut, sans témérité, essayer de substituer
quelque œuvre nouvelle aux patronages; — et,
certes, nous sommes encore loin du jour où
ceux-ci, grâce à leur succès même, seraient
devenus inutiles, la société étant définitivement
et complètement réorganisée sur ses bases nor-

males; — il s'agit, au contraire, de leur donner une nouvelle vertu, d'accroître l'intensité de leur vie et le bienfait de leur action; il n'est donc pas jusqu'à leurs plus exclusifs admirateurs qui ne soient tout particulièrement intéressés à travailler dans le sens que nous avons indiqué. Quant à nous, qui voulons espérer que les patronages serviront très efficacement à la réorganisation sociale de notre pays, nous assisterons avec confiance à une transformation que l'on découvre déjà à l'état de tendance plus ou moins accentuée dans les idées et dans les faits et qui leur permettra de continuer avec un succès nouveau une œuvre utile et parfaitement appropriée aux besoins actuels.

Ils contribueront, pour leur large part, à donner à notre démocratie qui hésite, cherchant partout son âme sans la trouver, cette vie chrétienne qui, seule, pourra l'animer et en faire autre chose qu'une ébauche monstrueuse et malfaisante. Puissent-ils être de dociles et bienfaisants instruments de la grande tâche civique qui est celle de chacun ! ne devons-nous pas, en effet, comme citoyens même, travailler à l'œuvre commune avec toutes nos énergies, et qui donc aurait le droit de refuser le concours désintéressé des forces les plus pures, les plus puissantes, les plus inlassables qui soient en nous et qui nous viennent de notre foi de chrétien et de l'amour de notre Dieu ? Mais, pour christianiser ainsi la démocratie, pour lui faire pénétrer le sens profond et fécond de ces mots de liberté, d'égalité et de fraternité qu'elle s'obstine à chérir comme une mystérieuse promesse, alors que tout, dans la réalité, lui en montre la lamentable et décevante fausseté, il faut que le peuple ouvre lui-même ses yeux et cesse de tenir closes ses oreilles : alors il entendra la voix rédemptrice, il verra le Christ, debout sur son chemin, les bras grands ouverts, comme sur la croix, et la démocratie, reconnaissant son Dieu, désormais sûre de sa voie, et fortifiée dans le sang divin, apportera au monde un peu plus de vérité, de justice et d'amour.

Hâtons-nous donc de travailler fidèlement à l'éclosion d'une telle aurore! Ne nous contentons pas de l'éclat des rêves ni de la splendeur des espérances. Faisons un effort pour nous rendre capables de la tâche qui s'impose à nous. Que les plus humbles eux-mêmes ne se découragent pas, mais qu'ils prennent conscience de la grandeur de leur rôle. Et puisque, ainsi que nous espérons l'avoir montré, il y a, plus que jamais aujourd'hui, bonne et utile besogne à accomplir avec le peuple, dans nos patronages catholiques, cela aussi n'est-il pas bien fait pour apporter quelque joie au cœur de ceux qui ne demandent qu'à se dévouer et qui cherchent les moyens pratiques de se rendre sûrement utiles?

QUELQUES
PROJETS PRATIQUES

QUELQUES
PROJETS PRATIQUES

I

Il est bon de répéter aux jeunes ouvriers :
« *Vous êtes appelés à devenir citoyens : par
conséquent, vous allez avoir des devoirs civi-
ques et sociaux à remplir, de l'accomplisse-
ment desquels dépendra l'avenir de notre pays.
Donc, préparez-vous au rôle que vous aurez
à jouer : réfléchissez; faites-vous une opinion. Le temps presse : dans quelques années,
toute abstention ressemblerait à une défec-
tion...*

L'ouvrier comprend ce langage et l'approuve; mais il ne saurait se contenter de semblables exhortations. Une fois convaincu de la nécessité de l'effort qu'on réclame de lui, il veut tout de suite, avec une admirable simplicité, se mettre à l'ouvrage; et il a raison. Mais, ce que cette tâche a d'ardu et souvent même de douloureux, c'est ce dont plusieurs, sans doute, s'apercevront bientôt, qui, une fois l'enthousiasme tombé et se trouvant seuls en face de problèmes complexes qu'ils ne sauront sans doute ni résoudre ni même poser d'une façon précise, rebutés bien vite, se détourneront de tout effort sérieux pour se replonger dans une indifférence, pleine, cette fois, de déception et de dégoût, à moins qu'ils ne s'en aillent, inconsciemment désireux de cacher leur défaite, s'engager dans ces troupes haineuses, qui ne connaissent guère d'autre sincérité que celles de passions souvent basses et méchantes.

Il ne suffit donc pas de dire au jeune ouvrier : « *Il importe que vous ayez des idées sur telle ou telle question* » ; il faut encore lui indiquer le moyen d'acquérir ces idées. A quoi servirait de répéter à un affamé que s'il dépérit et s'il va mourir c'est parce qu'il manque de pain, alors que l'on serait également impuissant à lui en fournir et même à lui indiquer où il pourra s'en procurer !

Aussi la pensée de fonder un enseignement social ou de créer et de propager des Cercles d'études sociales, — ces derniers pouvant offrir le double avantage d'être à la fois des sources de lumière et des foyers d'initiative, — devait-elle se présenter naturellement aux esprits soucieux de passer de la théorie à la pratique. Nous avons ailleurs essayé d'indiquer comment il nous semblait possible et utile de préparer et de féconder ce mouvement social de nos œuvres catholiques, de favoriser le développement des Cercles d'études et d'accroître l'intensité bienfaisante de leur vie tant extérieure qu'intérieure ; nous voudrions aujourd'hui nous occuper plus spécialement de ce que nous sommes immédiatement en état d'essayer pour l'instruction *sociale* du peuple et, d'une façon plus générale, pour son éducation largement *humaine.* A moins d'être inutile, dangereuse ou même funeste, *l'action commune* doit toujours être engendrée et comme sans cesse soutenue par un *but commun,* par des *idées communes :* but qu'il faut tâcher de voir de plus en plus nettement, idées que l'on doit s'efforcer de pénétrer et de s'assimiler chaque jour davantage. Bien entendu, ce n'est en aucune façon dans l'abstrait que nous avons l'intention de raisonner : nous voulons seulement, à ce sujet, faire part à nos amis de quelques projets dont la réalisation pourrait, sans doute, être utile aux *Cercles d'études* et favoriser ce rapprochement si souhaitable entre les étudiants et les jeunes ouvriers, en les unissant dans une véritable collaboration intellectuelle et morale.

Nous nous contenterons d'insister sur *deux idées* principales qui, nous avons hâte de le dire, ne se sont pas, en vérité, imposées à nous par la logique des choses, mais sur lesquelles notre attention a été très sûrement éveillée par les besoins et les désirs constatés et exprimés, tant des ouvriers que des étudiants, par l'opportunité qu'elles semblaient présenter et par les facilités mêmes de réalisation pratique.

II

De quelque façon que soit organisé un Cercle d'études sociales, les jeunes ouvriers doivent y faire œuvre de travail personnel ; le plus souvent, ils se chargent de préparer chacun à son tour une petite conférence qu'ils auront ensuite à présenter devant leurs camarades, puis à défendre contre les objections de ceux-ci. Que les sujets choisis forment ou non une suite logique, qu'ils se rapportent ou non à un enseignement parallèle donné aux membres du Cercle par quelqu'un de compétent, la conférence faite par le jeune ouvrier et la discussion qui suit, ou tout au moins l'initiative qui lui est laissée et la part active qu'il prend dans la préparation des réunions, dans l'exposition et dans la réfutation des objections sont absolument essentielles et se retrouvent dans tous les Cercles d'études. Dès lors, il est facile de comprendre que, le plus souvent, l'ouvrier ne trouvera pas dans son Cercle d'études l'appui intellectuel dont il aurait besoin pour soutenir ses premiers essais. Sans doute, dans la plupart des cas, un directeur ou un aumônier dévoué offriront leur concours au conférencier ; mais le plus souvent aussi, ils ne pourront lui fournir les livres ou les documents utiles, et, malgré leur compétence et leur bonne volonté, se trouveront évidemment incapables soit faute de temps — la plupart étant en effet surchargés d'occupations, — soit même parfois faute de connaissances spéciales, de satisfaire eux-mêmes aux désirs et aux exigences intellectuelles du jeune ouvrier. Mais s'il est très difficile que chaque Cercle d'études puisse ainsi se suffire à lui-même, au lieu d'y voir un mal, je n'y découvre vraiment qu'un avantage, car la constatation d'une faiblesse née de l'isolement poussera sans doute à l'union, et ce que l'on n'aurait pu faire pour un seul Cercle d'études se fera aisément pour plusieurs ; de la sorte, nous aurons une raison de plus, et non peut-être des moins convaincantes, de lutter contre l'individualisme des groupes qui divise et stérilise.

Il nous semble donc qu'il serait tout à fait opportun de créer, à l'usage des Cercles d'études sociales de jeunes ouvriers, des sortes de salles de travail et de consultations où ils viendraient non seulement pour lire et pour étudier, mais surtout pour se rencontrer avec des hommes compétents et bien informés, chacun sur quelque spécialité, capables de leur indiquer les livres ou les revues à consulter, de leur donner des conseils utiles et très précis et de diriger leurs travaux, quels qu'ils fussent, dans la mesure réclamée par les intéressés eux-mêmes.

L'avantage matériel de pouvoir jouir d'une salle tranquille et recueillie, ainsi que de livres et de revues bien appropriés aux travaux particuliers dont il s'agit, encore que très appréciable surtout pour les Cercles pauvres, à peu près privés de toute ressource et qui forment la si grande majorité, n'est cependant que tout à fait secondaire à côté de cet autre avantage de trouver à coup sûr non des professeurs dont l'enseignement pourrait ne pas convenir, mais des guides, n'ayant d'autre mission que de correspondre aux désirs particuliers de chacun et de faire bénéficier les débutants de leur expérience, leur évitant les longues et pénibles recherches et s'efforçant de rendre aisé et fécond ce labeur volontaire, si méritoire, du jeune ouvrier.

Ce n'est donc en aucune façon de simples bibliothèques dont il s'agit ici. Sans doute, il y aurait avantage à ce que l'on pût trouver dans les salles dont nous parlons les revues ainsi que les livres sociaux et religieux les plus importants, de façon à ce qu'il fût possible de les consulter sur place d'autant plus que les bibliothèques sont généralement fermées aux jours et aux heures où les ouvriers pourraient les utiliser (je ne parle pas des bibliothèques municipales ; mais celles-ci, très abondantes en romans, ne contiennent guère, paraît-il, les ouvrages dont nous aurions besoin). Nous concevons même quelque chose de plus qu'un simple bureau de renseignements où l'on se contenterait d'indiquer les livres et les revues à consulter; nous voudrions qu'une coopération véritable, intellectuelle et morale, pût s'établir entre les jeunes ouvriers et leurs guides. Ceux-ci, — jeunes aussi pour la plupart, certains même encore étudiants, et parmi eux, toutefois, quelques hommes plus mûrs, quelques prêtres ou religieux, mais animés du même esprit de sincère et franche camaraderie, dont la présence serait pour tous une garantie et pour personne une gêne, — auraient bien soin de ne jamais imposer leurs bons offices, de ne pas incommoder par un zèle indiscret, de toujours respecter la liberté du travail personnel, de ne donner que les conseils qu'on leur demanderait,

de ne pas se considérer enfin comme des maîtres, mais bien plutôt comme des amis et des
auxiliaires...

Quels services ne serait pas appelée à rendre
une si simple et si facile organisation ! Figurez-
vous donc le petit ouvrier de seize ans, qui plein
d'ardeur a accepté de préparer pour son Cercle
d'études une conférence sur quelque vaste et
difficile sujet. Que va-t-il faire ? On aurait beau
mettre à sa disposition toutes les bibliothèques
et placer entre ses mains les collections complètes de toutes les revues sociales, il ne serait
guère plus avancé. Il ne sait pas trouver, ne sait
pas chercher ; il n'a aucune idée de la place où
peuvent bien être les documents dont il a besoin :
quoi de plus naturel ? On comprend facilement
que, sinon immédiatement, du moins au bout
de quelques expériences infructueuses, totalement dépaysé parmi les revues qu'il aura pu,
dans sa juvénile assurance, être tout d'abord
tenté de demander au hasard, bien vite il réclamera de ses aides volontaires un concours plus

actif que la simple présentation des ouvrages, et de lui-même demandera plus que quelques renseignements bibliographiques, désirant des conseils sur la façon de comprendre le sujet, l'indication de quelques pages très élémentaires d'un manuel a lire et à méditer, trop heureux de faire revoir et corriger son plan, ne se lassant pas d'interroger et d'écouter et appréciant à sa juste valeur une collaboration qui ne lui aura pas été imposée, mais qu'il aura sollicitée, en ayant compris toute l'importance et la nécessité.

D'autre part, le jeune homme moins inexpérimenté, habitué déjà au travail du Cercle, bien formé par une étude de quelques années, et désireux de pousser plus loin son instruction sociale, mais ne trouvant plus que difficilement dans son groupe des indications pour un travail personnel dépassant évidemment ce qui convient à la majorité de ses camarades, profitera lui aussi d'une façon toute particulière du secours qui lui sera offert et des facilités de toutes sortes qu'il

rencontrera dans les salles dont nous parlons :
il y pourra être directement en contact avec des
hommes vraiment instruits qui se feront un plai-
sir de lui faire connaître les sources sérieuses,
de le mettre au besoin en rapport avec des maîtres éminents, et qui n'auront pas de meilleure
joie que d'encourager les efforts, de suivre et de
faciliter l'ascension intellectuelle de cet ouvrier
d'élite.

Mais surtout, le meilleur avantage de ce que
nous proposons serait peut-être encore de créer
une atmosphère de fraternité active et pratique
qui stimulerait les énergies et servirait à unir
les jeunes gens les plus intelligents et les plus
zélés des différents Cercles d'études, non dans
une affection inerte et stérile, mais dans un
même travail, dirigé vers une même action, et
rendu ainsi plus intense et plus fécond. Jamais,
même à supposer qu'il pût rencontrer dans son
Cercle tous les secours possibles, le jeune ouvrier n'y trouvera du moins ces relations tout à
la fois cordiales et fécondes en utile émulation,

avec les membres les plus ardents des autres Cercles, jamais il n'y fera aussi prompt apprentissage de la bonne et saine solidarité ; et certes les vertus proprement sociales ne sont pas à dédaigner lorsqu'il s'agit justement d'éducation et de formation sociales.

Ces sortes d'offices centraux de coopération intellectuelle et morale contribueraient aussi efficacement à unir les ouvriers et les jeunes gens appartenant aux professions libérales : ils arriveraient vite à se connaître les uns les autres, non plus superficiellement, mais très profondément, car rien n'est mieux fait pour rapprocher les âmes que l'examen de graves questions et le travail fait en commun. Que de jeunes gens très instruits et qui désirent se dévouer au bien du peuple, mais qui par tempérament se sentent inhabiles à l'action ou à la parole publique, trouveraient ainsi un moyen très sûr et merveilleusement fécond d'être utiles aux ouvriers, et, en se rapprochant d'eux, de s'instruire eux-mêmes à leur contact !

Comment ne pas voir tous les services que seraient appelés à rendre ces si simples et modestes institutions ? Comment ne pas comprendre leur efficacité tant pour animer les groupes au travail que pour fortifier les solides liens de la camaraderie qui doit les unir ? Bien entendu, chaque groupe conserverait intact et son autonomie et son caractère propre ; il ne s'agirait nullement de lui imposer quoi que ce fût ni comme méthode de travail ni comme sujet d'étude ; tel Cercle pourrait fort bien ne vouloir s'occuper que de questions exclusivement historiques et religieuses, tel autre au contraire insister sur les questions économiques ou sociales : chacun pourrait profiter — et cela dans la mesure où il l'entendrait — d'une collaboration et d'une aide toujours prêtes à s'offrir, mais, toujours aussi, assez discrètes pour ne pas être importunes.

Enfin, et pour éviter le danger qui eût pu résulter des lectures inconsidérées faites par de jeunes ouvriers sans expérience, si, comme dans une bibliothèque publique, on leur eût toujours fourni l'ouvrage réclamé par eux, il serait bien entendu que tous les livres, même écrits dans une intention louable et poursuivant un but irréprochable, ne sont pas pour cela destinés à être mis dans toutes les mains : il y a évidemment beaucoup de précaution et de tact à exiger chez ceux qui seront chargés de distribuer les livres et les revues ; il est, je crois, inutile d'insister ce point.

D'ailleurs — et cela facilitera la sage distribution des ouvrages à lire, comme, d'une façon générale, toute la conduite à tenir — les ouvriers et les conseillers volontaires ne seront pas des inconnus les uns pour les autres. Ces relations cordiales entre les divers Cercles d'études que nous avons sans cesse réclamées seront une des meilleures garanties de succès pour l'entreprise que nous proposons, tandis que cette entreprise, à son tour, assurera par sa réussite plus de force et plus de profonde intimité à ces relations elles-mêmes. Il m'apparaît que nos groupes catholiques ressemblent à ces pierres taillées dont les architectes se servent pour construire une voûte et qui, bien que chacune façonnée suivant un type différent, ne sauraient tenir en équilibre sans s'appuyer toutes les unes sur les autres. Puisse cet esprit d'unité animer toujours ceux qui se disent les disciples du Sauveur bien aimé qui a voulu que nous soyons un comme Il est un avec son Père et qui a fait de cette unité même le signe distinctif auquel on devait reconnaître ses enfants sur la terre !... Espérons donc que nos projets contribueront peut-être, pour leur humble part, à développer dans les esprits et dans les cœurs cette charité qui seule illumine notre monde pesant et sombre, cet amour agissant que Dieu est venu apporter aux hommes pour que, par Lui, ils puissent vraiment s'aimer les uns les autres ! Si l'on veut bien se placer à ce point de vue et chercher les moyens de réaliser parmi la jeunesse catholique cette large amitié dont nous sentons tous l'impérieux besoin, on comprendra, peut-être mieux encore qu'en restant sur un terrain purement utilitaire, l'importance et les avantages de ce que nous proposons.

III

A côté de cette instruction par le livre et par
la conversation, il nous semble qu'il devrait y
avoir place pour un enseignement plus animé,
plus vivant, et qui ne laisserait pas, j'en suis
sûr, que de plaire tout particulièrement aux
jeunes ouvriers. Pourquoi n'organiserait-on pas
des promenades qui auraient pour but de montrer des choses réelles et concrètes et qui pourraient laisser dans l'esprit une impression plus
vive que la lecture? Ces promenades pourraient
se rattacher directement à l'enseignement social; il y a certaines sociétés et, en particulier,
les coopératives de production et de consomma-
tion qu'il peut y avoir sans doute profit à étu-

dier sur place ; de même certaines œuvres économiques, telles que les habitations ouvrières, l'assistance par le travail, se prêtent fort bien à un examen soit de locaux, soit de documents précis qu'il serait difficile de trouver en dehors du siège même de l'œuvre, soit surtout dans bien des cas de tout ce qui se cache de vivant et de vraiment humain sous une organisation qui, si l'on se contente d'en étudier la description technique, gardera toujours quelque chose d'abstrait et de mort. L'utilité de semblables visites a frappé certains esprits et l'on sait que tout récemment un professeur de la Faculté de droit, chargé d'un cours libre de science sociale, faisait justement avec ses élèves des promenades analogues à celles auxquelles nous aimerions à voir convier les jeunes ouvriers de nos Cercles d'études.

Mais nous ne voudrions pas que l'on se bornât à ce qui est exclusivement économique ; l'éducation du peuple ne doit-elle pas tendre à être la plus large, la plus haute possible, et vraiment n'y aurait-il pas quelque injustice et quelque cruauté à affirmer que la majorité de nos concitoyens qui vivent du travail de leurs mains doivent être constamment maintenus dans des études purement pratiques et utilitaires, si bien que les conceptions désintéressées, l'amour de la vérité pour elle-même, la contemplation du beau ne seraient plus réservés qu'à une élite, sans communication avec la masse, vivant en dehors d'elle et comme dans un monde fermé et privilégié? Ne devons-nous pas, au contraire, essayer de tout notre pouvoir de faire partager à tous ces joies généreuses de l'esprit et de l'âme que nous rougirions vraiment de jamais considérer comme l'apanage jalousement exclusif de quelques-uns, mais que nous nous plaisons, au contraire, à regarder comme semblable à l'air vivifiant et au ciel profond, ce patrimoine commun de tous les hommes? Sans doute, on se plaît à répéter partout que l'ouvrier n'est pas une machine et que l'usine ne doit pas l'asservir et le dévorer au point de lui enlever tout loisir et tout répit; mais trop souvent ceux qui se présentent comme les défenseurs de l'ouvrier, — et je ne parle ici bien entendu que des hommes sincères, — semblent ne se soucier que de lui assurer des avantages purement matériels et de lui conquérir une certaine aisance et un certain confort, oubliant que ses aspirations et ses besoins sont aussi d'un autre ordre et que ce serait vraiment trop misérable pour un pays si ses enfants en venaient à pouvoir jamais se contenter de quelques vulgaires acquisitions, renonçant à des ambitions plus nobles et à des conquêtes plus généreuses.

Sans doute, nous qui sommes chrétiens, nous savons que « l'homme ne vit pas seulement de pain, mais de toute parole qui vient de Dieu » ; nous n'avons pas besoin de chercher où se trouve cette « eau vive » qui seule peut désaltérer, telle que si le peuple en avait goûté une fois, il sentirait sa fièvre s'apaiser et répéterait lui aussi : « Seigneur, donnez-moi toujours de cette eau à boire. » Donc, nous qui avons les paroles de la vie éternelle et qui connaissons les promesses

de Celui qui a dit qu'il récompensera au centu-
ple, même dès ce monde, malgré les souffrances
et les contradictions, nous savons où se trouve
toute justice, toute vérité, toute bonté. Mais, je
vous le demande, cela veut-il dire qu'il nous
faille passer notre vie comme ces étrangers sec-
tateurs de je ne sais quelle religion orientale,
non pas immuable mais immobile, à répéter toujours le nom de l'Incommunicable, sans le comprendre et sans essayer même d'en rien faire
sortir de moral et de fécond? Ne devons-nous pas
plutôt nous souvenir que « ce ne sont pas ceux
qui disent : *Seigneur, Seigneur*, qui entreront
dans le Royaume, mais ceux qui font la volonté
du Père » ; et, puisque cette volonté du Père
est que nous nous aimions les uns les autres,
comment ne chercherions-nous pas à attirer les
hommes au pied de la croix et à les rapprocher
ensuite chaque jour davantage du cœur de Jésus
crucifié par les bienfaits de cet amour que le
Maître a bien voulu nous léguer?

Du reste, nombreux sont les catholiques qui

6

ont compris que s'occuper du bien-être des ouvriers et s'efforcer de réagir contre cet état de
misère imméritée où ils se trouvent maintenus
en si grand nombre, est une œuvre bien digne
de leurs efforts et capable, d'une façon tout à
fait particulière, de ramener à la religion elle-
même ceux qui s'en trouvent malheureusement
éloignés; mais ne devons-nous pas, si nous
avons souci des besoins matériels du peuple,
nous occuper à plus forte raison encore de ses
besoins intellectuels et moraux? Certains, parmi les catholiques, n'ont-ils pas une tendance
instinctive à se défier de la formation intellectuelle de l'ouvrier? Ils ont peur de cette demi-
science présomptueuse et arrogante dont les
effets désastreux ne semblent leur donner que
trop raison, et se souvenant que « science sans
conscience est la ruine de l'âme », ils espèrent
sauver la conscience en supprimant complètement la science. Hélas! ils demeurent ainsi toujours dupes de cette vieille erreur qui consiste
à raisonner dans l'abstrait et à ne pas se soucier

de la façon dont le problème se pose, nécessairement et quoi qu'on y fasse, dans la réalité contingente. Si les catholiques n'ont pas d'influence sur la formation et sur l'instruction des ouvriers, ceux-ci seront instruits complétement en dehors des catholiques (et l'on sait, du reste, combien, surtout de nos jours, une neutralité véritable apparaît comme un mythe); ou ils seront formés et instruits contre eux; ou ils ne seront ni formés ni instruits et demeureront alors incapables de se défendre devant leurs camarades et devant l'opinion. Qui donc oserait prétendre qu'il faut se résoudre à l'une de ces trois inévitables conséquences?

D'ailleurs, qu'avons-nous à craindre de la science et de l'art pour une religion qui est toute vérité et toute beauté? Et même si nous permettons et si, pour quelque raison que ce soit, nous avons l'air de sanctionner un divorce entre la religion et la science ou l'art, aussitôt, non seulement cette rupture pourra être exploitée contre nous, mais encore la science perdra cet harmonieux élan et cette force nouvelle, généreuse et compréhensive, que lui ont toujours communiqués les esprits que la foi avait fécondés, tandis que l'art, privé de toute attirance de l'au-delà, condamné à se replier sur lui-même et à déchirer ses propres entrailles pour y trouver un inutile et malfaisant aliment, risquera de nous ramener bien vite à un nouveau paganisme désabusé, mille fois plus abaissé et plus dégradé que l'ancien. Que la science et l'art soient au christianisme ce que le flambeau et les fleurs sont à l'autel! Sans doute, la lumière d'un flambeau éclaire bien souvent le mal, illumine le crime, et durant les orgies il y a des torches qui fument; bien souvent le parfum des fleurs enivre et encourage aux trompeuses et basses voluptés, et l'on voit des fronts souillés couronnés des fleurs les plus pures... Et pourtant l'Eglise n'a proscrit ni le flambeau ni les fleurs; au contraire, elle a réclamé la lumière et le parfum; elle en a paré l'autel; elle a voulu qu'ils fussent le plus bel ornement de ses fêtes.

Faisons comme elle : plaçons partout la lumière, répandons partout de la poésie et de l'harmonie. Ayons confiance : les fleurs et le flambeau demeureront purs et bienfaisants dans le temple, tant que Dieu habitera son tabernacle.

Donc, nous voudrions qu'il ne fût pas entendu que les ouvriers doivent nécessairement rester étrangers à la science, à l'art, à la poésie, et comme nous venons de rencontrer un moyen de large et humaine formation, il nous semble qu'il serait bon d'essayer d'en tirer tout le parti possible.

On ne se contenterait donc pas de faire des visites purement économiques : non seulement on irait dans des usines ou aux Arts et Métiers, mais pourquoi pas aussi au Muséum d'histoire naturelle, à l'Observatoire ? et je connais tel savant qui m'a affirmé être tout disposé à montrer lui-même son laboratoire de la Sorbonne à nos jeunes amis, désireux de leur faire comprendre le mieux possible, avec expériences à l'appui de ses explications, les plus récentes et

6.

les plus impressionnantes découvertes de l'optique ou de l'électricité.

Ne pourrait-on pas, d'autre part, attirer l'attention des jeunes ouvriers sur l'achitecture de nos églises et de nos vieux monuments, et essayer, en interrogeant avec eux ces antiques témoins des temps passés, de leur donner le goût de notre histoire et le sens de nos traditions nationales ? Notre-Dame, Cluny, Saint-Etienne du Mont, la Sainte-Chapelle et combien de merveilles moins apparentes et pourtant tout aussi significatives ils ont sans cesse rencontrées et comme coudoyées, mais sans les avoir encore vraiment découvertes, faute d'avoir levé les yeux pour les examiner ou plutôt peut-être faute de savoir regarder !... Et nos musées, notre incomparable Louvre, suffit-il qu'ils soient publics et que la France paraisse, en les ouvrant à tous, vouloir, dans une pensée véritablement élevée, considérer tous ses enfants comme égaux devant les satisfactions désintéressées et les pures joies de l'Art, si personne n'a souci d'y conduire notre jeunesse ouvrière et de lui faire entendre ce langage éternel que tout homme est appelé à comprendre, sinon à parler.

Comme on le voit, l'idée qui nous occupe peut se réaliser très aisément et d'une façon très générale; mais nous avons hâte d'ajouter que si l'on veut faire ainsi œuvre utile et éviter d'autre part tout danger, il faut du tact et de la prudence : il ne s'agit pas, bien entendu, de promener au hasard, à travers les monuments, les usines et les musées une foule de jeunes gens turbulents, venus là seulement par amusement, ne cherchant pas à s'instruire et profitant de toute occasion pour rire et plaisanter. C'est, du moins pour commencer, à l'élite de la jeunesse ouvrière qu'il faut s'adresser, et celle-ci à son tour deviendra comme un ferment de vie qui transformera toute la masse autour d'elle. D'ailleurs, chaque groupe de visiteurs ne devra pas dépasser une douzaine de personnes, condition très importante pour éviter les fatigantes cohues et pour permettre à chacun de bien en-

tendre les explications, d'en profiter sérieusement et de pouvoir même en provoquer de
nouvelles par ses questions. Par conséquent,
inutile de se tourmenter à la pensée que, peut-
être, certaines visites n'attireront que peu de
monde, puisque, en un certain sens, moins les
visiteurs seront nombreux, mieux ils seront à
même de retirer tous les fruits de leur studieuse
promenade ; mais surtout si l'on applique notre
idée, non pour un groupe isolé, mais pour tout
un ensemble de Cercles d'études, j'imagine que
l'on aura plutôt à s'inquiéter du trop grand
nombre de visiteurs, et que l'on sera forcé bien
vite de répartir ceux-ci en plusieurs séries, de
manière à éviter ainsi dans chacune d'elles un
nuisible encombrement.

D'autre part, — et l'importance de cette condition n'échappera à personne, — ces visites devront
être non seulement *conduites*, mais encore *pré-
parées* par des hommes compétents et dévoués,
non pas simples spécialistes, mais capables de se
faire entendre du peuple, et tout en évitant ces

trop faciles vulgarisations qui ne sont le plus souvent que de véritables trahisons et d'impardonnables mutilations, habiles à l'intéresser, à captiver son attention, sachant frapper son esprit et pénétrer jusqu'à son âme, grâce à cette cordiale simplicité que tous savent comprendre.

Il serait bon que chacun des visiteurs reçût, quelques jours à l'avance, une petite *note explicative* rédigée par celui qui serait appelé à conduire le groupe. Ainsi le jeune ouvrier arrivera sachant déjà ce qu'on va lui montrer : il ne se sentira pas trop dépaysé ; il sera peut-être préparé par quelques réflexions personnelles à mieux profiter de ce qu'il verra et de ce qu'il entendra ; en tout cas, les choses se graveront mieux dans sa mémoire et lui laisseront une impression plus durable que si elles se fussent tout d'un coup présentées devant lui sans qu'il en eût été averti auparavant ; enfin il lui restera de sa visite quelques explications écrites qu'il pourra plus tard consulter avec profit et qui suffiront sans doute à raviver ses souvenirs.

Nombreux seront évidemment les jeunes gens des professions libérales et les étudiants qui trouveront une véritable joie à devenir ainsi les éducateurs du peuple ou plutôt les amis et les conseillers de l'ouvrier : ils tiendront à faire bénéficier celui-ci et des connaissances particulières qu'ils ont acquises, et des facilités même que leur situation leur fournira pour faire ouvrir bien des portes devant leurs jeunes camarades. Ils auront conscience de l'utilité de leur mission et aussi de leur responsabilité; ils mettront un soin scrupuleux à ne rien montrer et à ne rien dire qui puisse devenir même un danger pour ces âmes d'adolescents plus impressionnables qu'on ne le suppose parfois, surtout lorsque l'impression leur vient d'un monde intellectuel qu'ils respectent de loin sans le connaître, et mieux armés évidemment contre les grossièretés de la rue et de l'atelier que contre les sophismes de la fausse science ou les trompeuses immoralités de l'art; ils ne perdront jamais de vue le but qu'ils se proposent : élargir les esprits, élever les âmes de façon à les rendre capables de plus de vertu et à les rapprocher plus près de Dieu. D'ailleurs, l'active et chrétienne amitié qui les unira à leurs jeunes compagnons ne sera-t-elle pas bien faite pour leur ouvrir les yeux et pour les rendre prudents ? et comment n'auraient-ils pas jalousement souci de préserver de toute atteinte la virile pureté et l'ardent enthousiasme de ceux dont ils veulent faire les apôtres d'une cause qui réclame tous les courages et qui a besoin de toutes les énergies ?

Quels bénéfices retireraient de leur côté les coopérateurs volontaires de l'éducation de l'ouvrier et quelle merveilleuse occasion ils rencontreraient eux aussi d'entrer plus intimement en contact avec l'âme populaire, tout en n'ayant pour cela qu'à utiliser leurs propres connaissances professionnelles, c'est ce qu'il serait bien facile de montrer surabondamment, s'il n'était, en somme, préférable, pour gagner des bonnes volontés à notre projet, de ne parler que du bien à faire et de taire même, toute certitude de récompense. Au reste, le spectacle de cette harmonieuse et féconde collaboration, où chacun en vient à ignorer ce qu'il donne et ce qu'il reçoit, n'est-il donc pas lui-même la plus pure et la meilleure des récompenses ? Et surtout si cette nouvelle tentative est réalisée pour tout un ensemble de Cercles d'études et sert ainsi de lien nouveau à cette camaraderie cordiale et fraternelle entre jeunes ouvriers, but qu'il ne faut jamais se lasser de faire réapparaître à chaque instant, comment ne pas voir toute la valeur d'un semblable effort, toute l'importance que prend soudain un projet assez secondaire en apparence, mais dont la réalisation pourrait être, à bon droit et, en donnant à ce mot son sens à la fois le plus large et le plus humain, une œuvre véritablement *sociale* ?

L'éducation populaire préoccupe aujourd'hui plus que jamais les esprits : on n'ignore pas le large mouvement des œuvres post-scolaires et son succès grandissant ; et l'on sait d'autre part que plusieurs ont conçu le dessein, qu'ils ne dissimulent même plus, de se servir de l'enseignement prolongé après l'école pour dominer les intelligences et arracher les âmes à l'influence de l'Eglise. Les catholiques doivent-ils, en se tenant systématiquement à l'écart, dans une attitude de défiante inaction, donner des armes à leurs adversaires trop heureux de trouver un prétexte pour pouvoir les accuser d'être les ennemis de tout progrès, et ont-ils le droit de condamner un instrument de perfectionnement intellectuel et moral, sous prétexte qu'on voudrait, le détournant de son utilisation normale et providentielle, s'en servir contre eux au plus grand détriment, du reste, de ceux-là même qui par cet usage injustifié et funeste risquent fort de le fausser et de le briser dans leurs mains ?

Nous sommes des *enfants de lumière* et nous ne devons fournir à personne aucune occasion de proclamer ou même d'insinuer que nous avons peur de la lumière et que nous semblons indignes de la vocation sublime que nous devons à l'amour de notre Dieu. Du reste, ne sommes-nous pas merveilleusement aptes à travailler à cette éducation non seulement intellectuelle mais encore morale et sociale du peuple ? N'est-ce donc pas là notre tâche propre et comme l'œuvre à laquelle nous sommes prédestinés ? Où trouvera-t-on donc, en dehors de l'action bienfaisante du christianisme, la possibilité d'allier la liberté à l'ordre, l'initiative à la cohésion, l'indépendance à l'autorité ? Je vois bien que l'on peut établir partout des classes du soir, des cours d'adultes, des conférences, que l'on peut même essayer de fonder un enseignement supérieur pour la classe ouvrière et créer des universités populaires ; — et certes, en elles-mêmes du moins, toutes ces tentatives sont bonnes et ne sauraient jamais être blâmables qu'à cause de l'usage qu'on en fait ; — mais nos Cercles d'études sociales, où il n'y a ni maîtres ni élèves, où la discipline et le respect sortent du consentement intérieur de chacun, où l'amitié vive et sincère provient d'un même but entrevu par tous, de sacrifices communs unanimement acceptés, et qui constituent de véritables et actives *fraternités*, l'éducation officielle pourra-t-elle jamais les copier comme elle vient de faire de nos patronages, et poussera-t-elle même le libéralisme pratique jusqu'à oser les désirer pour son propre compte ?

D'ailleurs, son libéralisme doctrinaire et sa neutralité théorique lui rendent singulièrement difficile et dangereux l'emploi de semblables procédés d'éducation, car, dépourvue du fondement inébranlable d'une foi acceptée de tous et privée des liens indissolubles de convictions communes, elle est bien contrainte, pour ne pas demeurer tout à fait impuissante, de se montrer autoritaire et de multiplier les entraves et les barrières !

Voilà pourquoi nous espérons que les Cercles d'études sociales serviront efficacement, non seulement à instruire le peuple, mais encore à faire éclater même aux yeux des plus prévenus la merveilleuse force sociale du catholicisme ; c'est pour nous une raison de plus de travailler à les développer et à en faire des centres d'action et des foyers de vie, de manière à ce que leur énergique et pacifique influence finisse par éclairer l'opinion populaire et par régénérer notre pays. Nous ne ferons pas ainsi œuvre de parti, mais bien évidemment œuvre patriotique et œuvre humaine, puisque notre but est de contribuer à la prospérité de la patrie et par elle au bien même de l'humanité.

Les réflexions qui précèdent ont justement

pour but d'indiquer quelques moyens de travailler au développement de nos Cercles d'études et en même temps de proposer à ceux-ci un champ d'action un peu plus large. Nous avons choisi entre beaucoup d'autres deux idées particulières qui nous semblent se prêter à une réalisation immédiate et très aisée, surtout si l'on a pris soin d'établir entre les différents groupes de cordiales et fécondes relations, sur l'importance desquelles nous ne saurions jamais trop insister. Cela suffit, sans doute, à donner un intérêt pratique à ces projets modestes, mais qui nous semblent vraiment utiles et bien appropriés aux besoins et aux nécessités d'aujourd'hui. Nous espérons fermement que l'on ne se contentera pas seulement de les approuver : ce qu'il faut, c'est agir ; et nous voulons croire que parmi ceux qui liront ces lignes, écrites uniquement en vue de l'action, il en est plus d'un qui nous aura compris.

TABLE DES MATIÈRES